MARSUPILAMI™

Les dents de la jungle

D'après la série d'animation télévisée
« MON AMI LE MARSUPILAMI ™ »
Bible littéraire : Olivier Vannelle, David Michel et Vincent Chalvon.
Scénario original de l'épisode : Nathalie Reznikoff et Manu Ducassou.
Images issues des dessins animés « MON AMI MARSUPILAMI™ »

Illustrations issues de Batem et du *style guide* Marsu Productions

Novélisation : Claude Carré
Conception graphique : Valérie Gibert et Philippe Sedletzki

Hachette Livre, 43, quai de Grenelle, 75015 Paris.

MARSU PRODUCTIONS

D'après Franquin

MARSUPILAMI™

Les dents de la jungle

HACHETTE

Le Marsupilami

Le Marsupilami pourrait être une bestiole à mi-chemin entre le chimpanzé et le léopard. Ou à mi-chemin entre le chat et l'orang-outang. En fait, il n'est à mi-chemin de rien du tout. C'est un Marsu, tout simplement ! Animal légendaire, d'une vigueur incroyable, sujet d'étude rêvé des scientifiques du monde entier, il mène en famille une vie insouciante dans la forêt palombienne.

Ce qui le rend
particulièrement
sympathique,
c'est qu'il est
gourmand,
farceur, et
curieux
comme
pas un.

D'ailleurs, s'il s'intéresse tant aux humains, c'est parce qu'il trouve ces créatures drôles et exotiques. Il aime rire et déteste faire usage de la force, sauf quand sa famille et ses amis sont menacés. À cet effet, il est doté d'une queue d'une agilité et d'une puissance stupéfiantes.

La Marsupilamie

Alors que le Marsupilami est d'un tempérament indépendant et préfère souvent se divertir auprès des hommes plutôt que de passer la soirée chez lui, son épouse se montre beaucoup plus responsable. C'est elle qui bâtit le nid familial et qui trouve dans la forêt de quoi nourrir ses petits. Elle marche sur la pointe des pieds, à petits pas. Tout est grâce chez elle, jusqu'à cette fleur qu'elle a souvent piquée derrière l'oreille.

Les trois petits Marsus

Bibi

sont sans arrêt en train de jouer et de se chamailler. Bibi la fille, le portrait miniature de son père, aussi tachetée que lui, Bibu, tout jaune, et Bobo, le petit Marsu au pelage tout noir, sont d'adorables et intrépides petits bambins.

Bibu

Leur petite taille et leur naïveté font souvent d'eux des proies faciles pour les chasseurs de tout poil, surtout de poil humain. Heureusement, ils ont déjà d'excellents réflexes.

Bobo

Jean-Pierre et Amanda Dujardin

Les Dujardin viennent d'emménager au bord du rio Soupopoaro, avec leur fils **Théo** et la petite **Zoé**. Amanda, spécialiste de la vie sauvage et de l'écologie, est venue étudier les animaux mystérieux de la jungle, tandis que son mari **Jean-Pierre** travaille dans l'informatique. Assez méfiant au départ, il va vite se laisser convertir à la « marsupilami attitude » !

Un phénomène *Démoniak*

En cette jolie matinée de printemps, le soleil brille sur la forêt palombienne. Les oiseaux chantent sur leurs branches, les insectes bourdonnent paisiblement et des poissons argentés filent au milieu des eaux du rio Soupopoaro. Tout devrait respirer le calme de la jungle, de la nature à l'état brut.

C'est un moment de détente pour les trois petits Marsus et leur maman. Au programme : sortie dans la clairière et cueillette de nouvelles fleurs pour décorer le nid. Tout ce petit monde s'en donne à cœur joie et bondit dans tous les sens. On n'est pas malheureux dans la forêt palombienne.

Jusqu'à ce que Bobo trébuche au bord d'un trou et disparaisse au fond.

— Houbobo ? demande aussitôt la Marsu, inquiète.

Les deux autres bambins, eux, sont déjà penchés au bord du trou et rigolent de la tête que fait leur

petit frère à la fourrure noire. C'est lorsque Bobo est remonté du fond qu'ils prennent conscience du changement intervenu dans la clairière. Partout, là où s'épanouissaient de jolies plantes grasses aux fleurs multicolores, il n'y a plus que des trous ronds. Tout, ou presque, a été arraché.

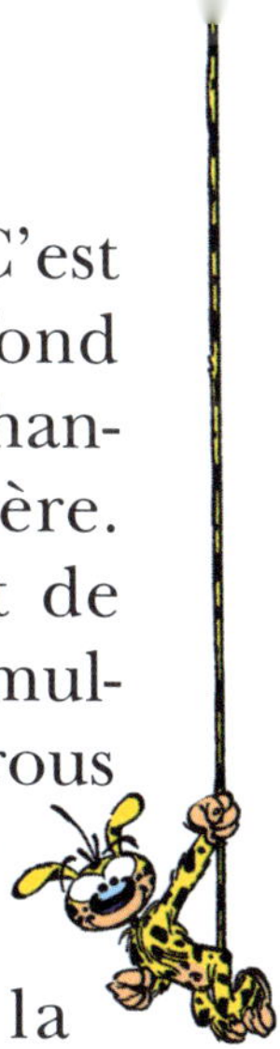

— Houbaaïe ! s'exclame la Marsu, perplexe.

C'est bien la première fois qu'elle voit ça, et ça ne lui plaît pas du tout. Sans tarder, elle doit au plus vite avertir Théo et ses parents, dans leur maison au bord du rio, à quelques centaines de mètres.

C'est justement là que le Marsu se trouve aussi, tranquillement installé dans le canapé avec Théo. Ils regardent la télévision en dévorant

par poignées un gros tas de chewing-gums.

Ce qui les amuse le plus, c'est les très grosses bulles roses qu'on peut faire avec. Ces chewing-gums sont les plus perfectionnés du monde. Avec, on peut faire des bulles presque aussi grosses que soi ! Et le Marsu ne s'en prive pas. Comme il a beaucoup de souffle, il arrive à faire des monstres de bulles, qui envahissent presque la moitié du salon !

Le problème, c'est quand elles

éclatent : on dirait des bombes qui explosent et toute la maison en tremble. L'autre problème, c'est Jean-Pierre, le père de Théo. Il est un peu nerveux, surtout quand il travaille sur son ordinateur, et il sursaute à chaque explosion. Théo, lui, s'amuse plutôt du bruit et observe à la loupe les emballages de ses bonbons. Soudain, il bondit, les yeux écarquillés, braqués sur son bout de papier :

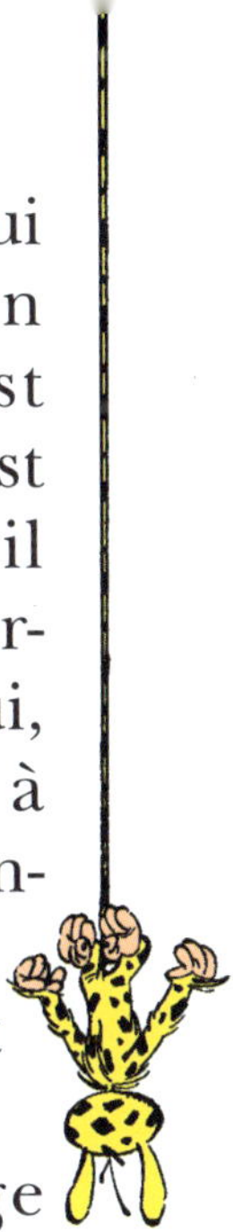

— Eh, mais c'est un tatouage « X trem » ! Et je ne l'avais pas, en plus !

— Houboum ! s'écrie le Marsu en faisant exploser sa dernière bulle.

Au même moment, sur l'écran de télé, défile une publicité bruyante pour les chewing-gums *Démoniak*. C'en est trop pour Jean-Pierre. Il ouvre à la volée la porte du salon et se rue sur le poste de télévision, qu'il éteint d'un geste sec.

— Papa ! C'était la publicité pour les derniers *Démoniak* !

— RAISON DE PLUS ! hurle Jean-Pierre, JE N'EN PEUX PLUS DE CE BRUIT, DE CES CHEWING-GUMS, DE CE MARSAPULIMI ! J'AI BESOIN DE CALME, VOUS COMPRENEZ ?!

Il a vraiment l'air hors de lui. Se renfonçant dans le canapé, Théo essaie de le calmer.

— D'accord p'pa, on va faire attention...

— Vous ne pouvez pas comprendre, gémit Jean-Pierre. Je suis en train de mettre au point un logiciel d'encryptage informatique à fréquence aléatoire ! Et je n'y arrive pas, alors qu'on me l'avait demandé pour... avant-hier !

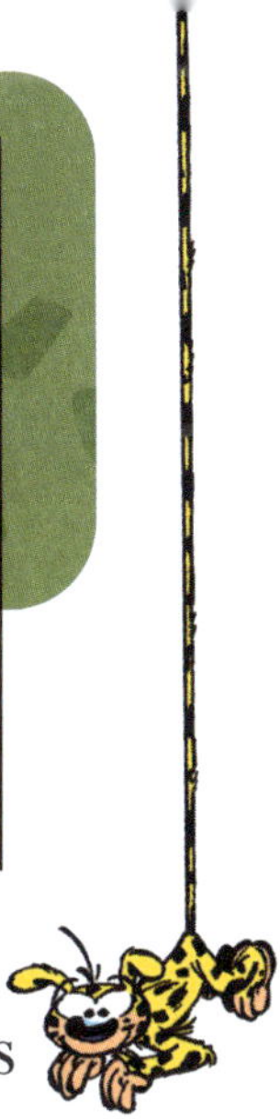

L'air vexé, le Marsu croise les bras et grimace, les yeux tournés vers la fenêtre. Mais quand Jean-Pierre tourne les talons, il étire son chewing-gum entre ses dents comme avec un élastique et se met à le viser.

— Non, Marsu, non..., lui fait Théo à voix basse.

Trop tard. Catapultée, la friandise atterrit dans le cou de son père, comme une crotte de vautour. Cette fois, Jean-Pierre, les poings serrés, se précipite vers la porte d'entrée, l'ouvre en grand et dit, à l'attention des deux amis :

— Bon, ça suffit. Allez jouer dehors, j'ai déjà vu assez de bestioles dans la maison pour aujourd'hui !

À peine a-t-il fini sa phrase que, par la porte ouverte, un défilé de petits Marsus lui passe entre les jambes et que leur maman vient se planter devant lui en babillant à sa façon. Effrayé, Jean-Pierre recule de plusieurs pas et se heurte à Amanda, qui arrivait dans son dos. Aux mimiques de la Marsu, celle-ci comprend tout de suite que quelque chose d'inquiétant s'est passé dans la jungle. Il faut aller voir !

Laissant Jean-Pierre travailler et Zoé dormir, le reste de la troupe se met en route, suivant tant bien que mal la Marsu déjà repartie, qui vole de liane en liane.

Chapitre 2

Les voleurs de plantes

Arrivée à l'orée de la clairière, Amanda se rend aussitôt compte de l'étendue des dégâts.

— Qu'est-ce qui s'est passé, maman ?

— On dirait que des plantes ont été arrachées en masse, ici. Je dirais qu'il s'agit de plantes carnivores.

— De plantes carnivores ? s'étonne Théo. Bon débarras, alors, ce sont des vraies saletés !

Juste à ses côtés, la Marsu secoue la tête en fronçant les sourcils :

— Houbi bi bi ! Ba débaha !

Amanda sourit en voyant la tête effarée de son garçon.

— La Marsu a raison, Théo. Dans la nature, chaque plante, chaque animal a sa place ! Même les plantes carnivores ont un rôle à jouer. Les piranhas, par exemple, mangent les animaux imprudents tombés à l'eau. Or les piranhas constituent le principal repas des Marsupilamis. Lorsque tes amis marsus jettent leurs déchets dans la jungle, cela fait l'affaire des plantes carnivores... Et le pollen de celles-ci sert à nourrir bien d'autres espèces ! On appelle ça la chaîne alimentaire !

— Houba ! s'écrie le Marsu, impressionné par tant de science.

— Il suffit de détruire un seul élément, et c'est toute la chaîne qui s'écroule. Des espèces animales tout entières peuvent être mises en danger, vous comprenez ?

Théo hoche la tête tout en jetant un œil alentour, sur cette prairie truffée de trous comme autant de cicatrices. Et un cri faible leur parvient alors, plaintif, provenant d'un gosier à bout de forces. C'est un Tignass, l'un des oiseaux les plus incroyables de la jungle, dont la tête paraît coiffée d'une sorte de perruque.

Il n'est pas au mieux de sa forme : il volette en zigzag et finit par s'effondrer aux pieds d'Amanda, complètement épuisé.

— Ben, qu'est-ce que tu as ? demande Théo en se penchant sur lui.

— Houbi ? s'inquiète la Marsu à son tour.

— C'est sûrement ce que tu disais, maman : cet oiseau est malade parce qu'il n'a pas trouvé ses plantes carnivores habituelles !

Debout au milieu de la clairière, Amanda réfléchit à toute vitesse. La colère se lit dans ses yeux.

— Il faut qu'on trouve au plus vite ces arracheurs de fleurs !

Les Marsus ne perdent pas de

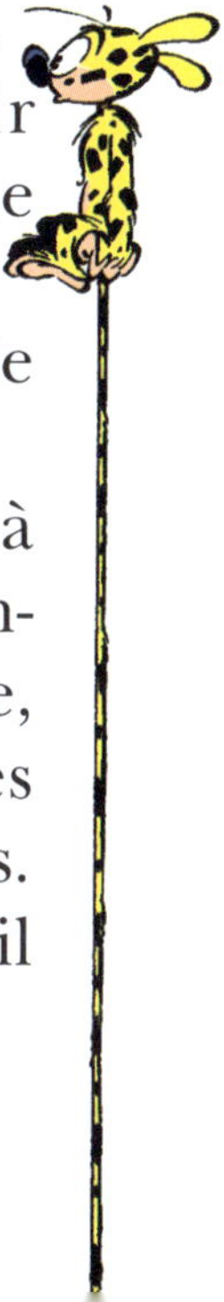

temps : ils se mettent à renifler le terrain en tous sens et leurs oreilles tournent comme des périscopes. Soudain, Marsu se raidit, l'air concentré. Puis il empoigne une liane et s'élance.

— Il a trouvé une piste ! s'écrie Théo.

C'est parti. Tout le monde court à la suite de l'animal moucheté et bondissant. Puis, le Marsu s'immobilise, épiant quelque chose à travers les feuilles épaisses des arbres moussus.

C'est un étonnant spectacle qu'il

vient de découvrir. Revêtus d'inquiétantes combinaisons blanches, une poignée d'hommes sont en pleine action au milieu d'un champ de plantes carnivores. Sous la conduite d'un assistant à l'air patibulaire, chacun est muni d'une sorte de filet à papillon, à long manche.

Grâce à cet instrument, ils peuvent attraper les plantes au lasso, sans prendre le moindre risque. Les plantes déracinées sont ensuite stockées sur la plate-forme d'un camion, elles se contorsionnent.

Il est temps que cela cesse. Alors qu'un des employés place sa longue perche au-dessus d'une grosse corolle végétale aux dents acérées. Marsu s'en saisit.

— HOUBALALA ! lance-t-il d'un ton de défi, en abaissant la perche.

— Qu’est-ce que c’est encore ? crie l’assistant dont le visage s’empourpre.

Il se dirige vers Marsu, mais quelque chose dans son expression le fait s’arrêter bien vite. En se tournant vers ses hommes, il leur dit :

— Essayez de l’attraper, mais attention, il a l’air féroce !

Tout doucement, les employés se mettent à encercler le Marsu. Et se rapprochent de lui. Quand l’un d’entre eux tente d’abattre le bout de son collet sur l’animal en colère, la queue de celui-ci, vive comme un éclair bicolore, s’en empare. L’homme n’a pas le réflexe de lâcher son manche. Le Marsu les fait tournoyer, sa perche et lui, de plus en plus vite au-dessus de la clairière.

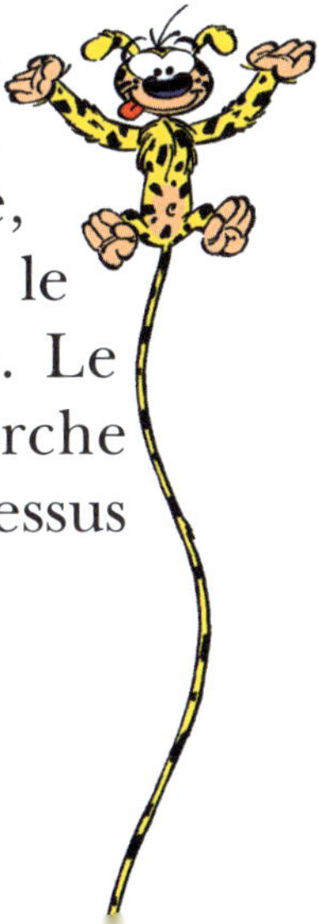

— À moiii !!... Au secouuurs !!... crie l'homme qui tourbillonne.

— Houba ! Hop ! Ha ha !! lui répond le Marsu qui s'amuse beaucoup.

Il faut que Théo intervienne pour libérer l'employé, devenu aussi blanc que sa combinaison :

— Non, Marsu... Arrête, maintenant !

À regret, l'animal farceur lâche la perche et l'homme décrit un dernier cercle en l'air avant de s'abattre lourdement au milieu des siens.

— Ouaiiii !!...

— Il est fou ! s'énerve l'assistant en reculant encore.

— Non ! Il est juste chez lui !

Cette voix sèche, c'est celle d'Amanda. Elle sort du couvert des arbres et vient se planter dans la

clairière, les poings sur les hanches, furieuse, face aux arracheurs de fleurs.

— Il est chez lui, poursuit-elle, et il a horreur qu'on touche à sa jungle ! De quel droit volez-vous ces plantes ?

Théo et la Marsu sortent à leur tour du bois, venant prêter main-forte à Amanda. Devant tout ce monde à l'air décidé, l'assistant choisit la manière douce. Il se met même à sourire, ce qui semble lui faire mal à la bouche.

— Ah, je comprends, m'dame… Mais vous voyez, nous on n'y est pour rien, on fait juste notre boulot. Et on est en règle ! Regardez ! On a toutes les autorisations !

Amanda jette un œil à la liasse de documents que l'homme lui tend.

— Moui. Et on peut savoir ce que vous faites de toutes ces plantes ?

Un peu rassuré par le calme apparent d'Amanda, l'assistant se détend :

— Ah, ça, je n'ai pas le droit de vous le dire ! Si vous voulez des éclaircissements, il faut voir avec M. Global, mon patron !

— C'est exactement ce qu'on va faire, dit Amanda.

Et les Marsus approuvent, en opinant du menton :

— HOUBA GHOBAL !

Chapitre 3

L'arche de Noé

En attendant de pouvoir rencontrer le vrai responsable du désastre, le pauvre Tignass est ramené chez les Dujardin. Amanda a l'idée d'écraser le pistil de quelques plantes et de le mélanger à un peu d'eau. Avec une pipette, c'est Zoé qui s'amuse à donner le médicament à l'oiseau malade.

De leur côté, dans leur nid, les petits Marsus ne sont pas malades du tout. Et s'ils risquent de le devenir, c'est à cause des chewing-gums *Démoniak* que papa Marsu leur a ramenés. Ils sont prêts à en faire une indigestion. C'est Bobo, surtout, qui adore ça. Il voudrait que les bulles soient toujours plus grosses. Alors il enfourne plusieurs chewing-gums à la fois dans sa petite bouche, mâche et commence à souffler.

Ce n'est plus une bulle qu'il arrive à faire, mais une montgolfière, une sphère monstrueuse et translucide qui gonfle, gonfle, qui prend toute la place dans le nid... Et qui explose violemment !

Affolés par le bruit, Marsu et sa compagne se précipitent et montent jusqu'à leur maison suspendue.

Tout l'intérieur du nid est tapissé d'une couche rose, collante et sucrée. Assis les uns à côté des autres comme des statues, les trois petits Marsus disparaissent à moitié sous une épaisseur de chewing-gum caoutchouteux qui colle à leurs poils.

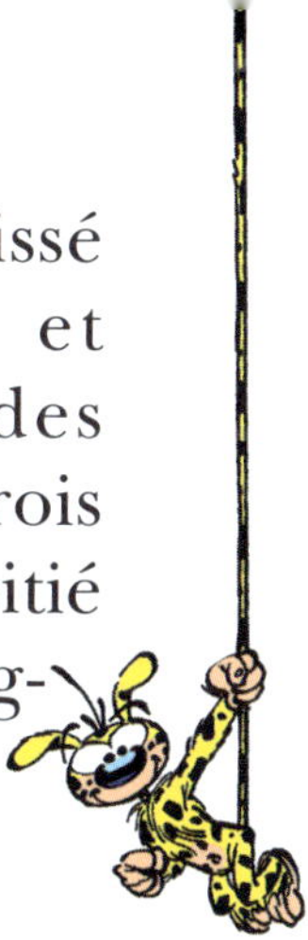

La réaction de la Marsu est immédiate :

— Houbibi houbonbon ! Hou baba !! crie-t-elle au Marsu, qui baisse la tête d'un air gêné.

Il faut nettoyer tout ça, maintenant ! Allez, ouste ! Tout le monde à la rivière. Théo se joint volontiers à l'opération débarbouillage des bébés marsus.

Soudain, tout le monde s'immobilise. Une silhouette menaçante vient d'apparaître derrière un arbre. C'est Gatogordo, le terrifiant jaguar de la jungle.

— Ghroubaaa ! grogne Marsu en se préparant à la défense de sa petite troupe.

Mais c'est inutile. Après quelques pas à découvert, la masse musclée du gros jaguar s'affaisse à terre en poussant un gémissement à fendre l'âme. Joueur, Bobo sautille jusqu'à lui et tire sur ses moustaches.

— Houbobo ! s'exclame la Marsu.

— Attention ! crie Théo. Méfie-toi du tigre qui dort !

Mais Gatogordo n'est plus qu'un gros chat inoffensif.

— Houbaba ? s'inquiète Marsu.

— Tu l'as dit, confirme Théo en fronçant les sourcils : aussi mou qu'une vieille peluche !

Mais cette nouvelle n'est pas encore parvenue jusqu'à la maison des Dujardin. C'est pourquoi, quand Jean-Pierre, quelques minutes plus tard, voit apparaître, par la fenêtre de son salon, une tête tachetée, il sursaute :

— AAAAHHH !! Un Marsujaguar !

— C'est Gatogardo, note Amanda. Il n'a pas l'air en forme.

En fait, c'est Marsu qui a porté le gros jaguar malade jusque-là. Théo, lui, tient dans ses bras un tatou affaibli, qu'il a trouvé sur le chemin. L'infirmière Amanda a du pain sur la planche ! Les animaux sont conduits au labo de la scientifique, où ils sont mis au chaud et à l'abri.

— Là encore, demande Théo à sa mère, c'est en rapport avec les plantes carnivores arrachées ?

— Non, je ne crois pas. Ça ressemble plutôt à une maladie. Je vais les garder quelques jours en observation ici.

— Hé ? Comment ça, en observation ? s'affole Jean-Pierre. Ah mais non, pas d'accord ! Pourquoi faut-il sans arrêt que toute la jungle s'invite chez moi ? Est-ce que j'envahis la jungle, moi ?

Amanda adresse à son mari son plus joli sourire, celui qui le fait fondre.

— Mon amour... Ces animaux sont très malades... Tu ne veux tout de même pas qu'on les abandonne à leur triste sort ? Ils ne quitteront pas mon labo, c'est promis.

Jean-Pierre la regarde, regarde Théo qui a l'air tout triste, soupire et sort de la pièce.

— J'ai peur que ce soit une épidémie, confie-t-elle, inquiète. Théo, Marsu, j'aimerais que vous repartiez dans la jungle à la recherche d'autres animaux malades. Houdac ?

— Houdac-dac !! répondent les deux amis.

Hélas, la jungle regorge d'animaux malades ! Il y en a de plus en plus. Théo et Marsu sont affolés par ce qu'ils découvrent. Ils viennent ainsi en aide à des dizaines de bestioles errantes, rampantes, fatiguées, à des phacochères tout pâles, des aras aux plumes décolorées, et même à un anaconda souffreteux.

Tour à tour, ces bêtes exténuées sont amenées au labo d'Amanda. Le

service des urgences est paralysé !

— Qu'est-ce qu'on va faire d'eux ? s'interroge la doctoresse à voix haute.

Dans son bureau, toujours collé à son ordinateur, Jean-Pierre essaie de se concentrer sur son projet. Et quand une bestiole à couleurs changeantes se glisse devant son écran et se hisse jusqu'au rebord de son verre d'eau, ses cheveux se hérissent. Heureusement qu'au même moment il ne voit pas l'anaconda qui se faufile dans son dos. Ulcéré, il se lève de son fauteuil et va ouvrir la porte du salon, en appelant sa femme :

— Amanda, ça ne peut plus durer, il y a un caméléon dans mon...

Et là, il s'étrangle parce que ce

qu'il découvre dans le salon lui reste en travers de la gorge...

Chapitre 4

L'usine au bord du fleuve

— AMANDA !!

Ce n'est plus un salon, mais une ménagerie ! Des dizaines d'animaux de toutes les espèces sont répartis sur les buffets, les étagères, les fauteuils, les canapés : des singes et des oiseaux en tous genres, des tortues, des tatous, des tapirs. Il y a même des paresseux suspendus au lustre !

Jean-Pierre a beau tempêter,

hurler, devenir violet, et taper du pied, il n'y a pas d'autre solution.

— Tant d'animaux sont malades qu'il est impossible de les faire tenir tous dans mon laboratoire, explique Amanda fermement.

Son mari met du temps à décolérer, mais lorsque la nuit tombe, chacun plonge dans un sommeil bien mérité. Sauf un animal qui a un peu froid dans le salon et qui part dans les étages à la recherche d'un peu de chaleur.

Si bien qu'au matin, quand Jean-Pierre se réveille, il est presque surpris de sentir Amanda encore à côté de lui. D'habitude, elle est plutôt lève-tôt.

— Tu n'as pas entendu ton réveil, chérie ?

— Grooarrh…

C'est rare qu'Amanda réponde sur ce ton ; Jean-Pierre soulève le drap et découvre Gatogordo le jaguar, allongé à côté de lui !

Il n'en peut plus, il est au bord de la crise cardiaque, de la crise de nerfs, de la crise des quarante ans. Quelques instants plus tard, il déboule dans la salle à manger comme une furie :

— Ce n'est plus possible, à la fin ! On n'élève pas ses enfants au milieu d'animaux sauvages ! Ni son mari, d'ailleurs !

Mais sa femme a l'air si fatigué, elle se donne tant de peine, que sa colère fond comme neige au soleil. Il n'arrive même pas à lui en vouloir lorsque, quelques instants plus tard, dans la cuisine, un caïman sort de l'évier sous son nez.

Pour le petit déjeuner, Marsu a pêché une brochette de gros piranhas qu'il se dépêche d'apporter à ses bambins affamés.

Ceux-ci se jettent dessus avec appétit : quel chance d'avoir de si gros poissons au petit déj ! Mais... Mais que se passe-t-il ?

— Pouahhh !!

— Berrrke !!

— Bheuh !!

Bibi, Bibu et Bobo recrachent leurs morceaux avec dégoût. Pourtant, ils sont tout frais ! Méfiante, la Marsu porte un des

piranhas à sa bouche, le croque… et le recrache aussitôt.

— Houbeeerk !

Elle regarde le Marsu avec des yeux fâchés. Mais il n'y peut rien, lui. Sauf qu'il aurait peut-être dû se méfier. Ils sont bizarres, ces piranhas. Déjà, ils sont énormes, mais surtout on dirait une nouvelle espèce, avec de grandes dents comme des couteaux qui leur sortent de la bouche.

C'est ainsi qu'un quart d'heure plus tard les trois poissons se retrouvent exposés sur la table de jardin… de chez les Dujardin. Théo est tout pressé de montrer la trouvaille à son père :

— Regarde ce que Marsu a pêché, papa ! Des piranhas à dents de sabre, comme dans la préhistoire !

— Déjà, à cette époque, ils

n'avaient pas l'air très sympathiques, fait Jean-Pierre d'un air inquiet.

— C'est dû à quoi, d'après toi ?

Mais c'est Amanda qui apporte la réponse. Elle sort de son labo avec un carnet à la main, où sont inscrits les résultats de ses dernières recherches.

— À des produits chimiques ! Ces poissons sont en train de muter. Je viens de le vérifier : l'eau du Soupopoaro est polluée. C'est en la buvant que tous ces animaux sont tombés malades. Mes échantillons ont révélé la présence de plusieurs produits chimiques dangereux ! Ainsi que de l'extrait de pollen de plantes carnivores !

— Houba ? Houbi ? s'inquiètent les Marsus.

— Oui, confirme Amanda. Et

j'en ai maintenant la preuve : ce sont bien les arracheurs de plantes qui sont responsables de ces dégâts. On va aller leur rendre une petite visite et leur dire deux mots...

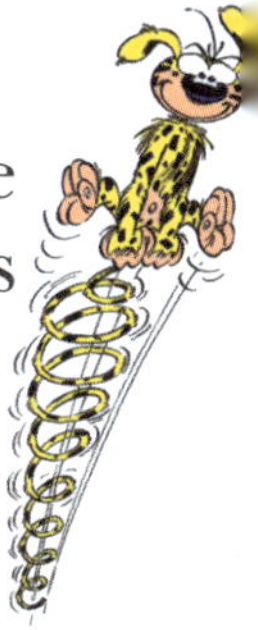

C'est en bateau-bus qu'Amanda, Théo et Marsu remontent le fleuve.

— Maintenant que vous me le dites, dit Dédé en manœuvrant avec habileté son gouvernail, j'ai repéré ces derniers temps des bateaux

inconnus qui faisaient la navette sur ce bras du fleuve.

— Houba Plop ? fait Marsu en courant à la proue du bateau, les narines en alerte.

Sur la rive, derrière un rideau d'arbres, apparaît bientôt un édifice ultramoderne, une immense coupole de verre et d'acier, entourée de fils barbelés.

— On dirait une serre géante, murmure Théo.

— Et ça, qu'est-ce que c'est ? demande Amanda en désignant une double canalisation grise qui provient de l'édifice et qui déverse un bouillon fumant et malodorant dans le fleuve.

— Houberk ! grimace Marsu en se bouchant le nez.

Les pollueurs sont identifiés !

Chapitre 5

Chewing-gums en folie

Dédé fait accoster son bateau-bus contre l'embarcadère qui mène à l'usine. Une fois devant l'entrée principale, c'est l'assistant déjà croisé dans la forêt qui reçoit Amanda, Dédé, Théo et le Marsu. Il fait des efforts pour se montrer accueillant :

— Entrez, entrez… M. Global va vous recevoir dans un instant.

Il les précède le long des grands couloirs qui traversent la gigantesque coupole. Partout se succèdent de larges bacs où s'épanouissent d'incroyables plantes carnivores. Prudemment, chacun reste à distance. Elles ne disent rien qui vaillent à Amanda, ces plantes. Pourquoi sont-elles beaucoup plus grosses que dans la forêt ? Quel traitement leur a-t-on administré pour qu'elles soient si pimpantes, si... musclées ?

Téméraire, Marsu essaie quand même d'aller en taquiner une. La réaction de la plante est immédiate : sa fleur se détend violemment, comme la tête d'un serpent, tout en visant Marsu, et son étrange bouche s'ouvre pour mordre. Celui-ci réplique d'un coup de queue immédiat, qui ferme le bec de la plante. Mais il s'en est fallu d'un rien pour

qu'il ait un bout de nez en moins !

— Impressionnantes, non ?

Cette voix sonore qui retentit sous la coupole est celle d'un homme un peu grassouillet, sanglé dans un costume trop petit. Il est souriant, mais il semble en faire un peu trop.

— Pour les faire grossir, poursuit-il en venant à la rencontre des visiteurs, on utilise un engrais spécial.

— Très très spécial, même, persifle Amanda.

Aussitôt, M. Global entraîne les quatre amis à travers le dédale luxuriant de sa serre, comme s'il présentait un numéro de cirque. Mais sans filet, sans barreaux pour les protéger. À plusieurs reprises, certaines têtes carnivores pleines de dents claquent des mâchoires tout près d'eux. M. Global ne semble pas s'en soucier :

— Grâce à cette méthode, nous extrayons dix fois plus de pollen !

Alors qu'il tend la main vers un de ses spécimens les plus étonnants, il se fait mordre les doigt par l'une des bouches de la plante affamée.

— Ouaïïïïï !!...

— Houba bobo ! rigole Marsu.

Sans s'attarder, en secouant juste un peu sa main mordue, M. Global continue :

— Il faut à peu près cent kilos de pollen pour parfumer dix mille chewing-gums... Et avec cinq cent trente mille chewing-gums achetés par minute dans le monde, ça en fait du pollen, croyez-moi !

Puis l'homme les invite à monter sur une passerelle qui surplombe les serres. Là, il les entraîne vers un présentoir dissimulé derrière un rideau.

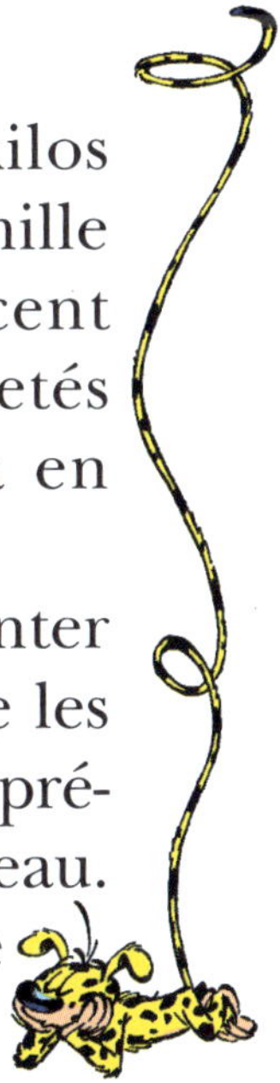

— D'ailleurs, j'ai une surprise pour vous : en avant-première, voici le nouveau chewing-gum *Démoniak*, au goût « Enfer plus » !

D'un geste théâtral, il soulève le rideau et découvre plusieurs rangées de chewing-gums dans leurs emballages fluorescents.

— Avec ce nouveau produit, commente-t-il, on devrait battre de nouveaux records ! Allez-y, les

enfants, servez-vous, autant que vous voulez !

M. Global fourre une poignée de confiseries dans les mains de Marsu et de Théo. Celui-ci est stupéfait : ce sont ses chewing-gums préférés. Seraient-ils fabriqués à partir d'extraits de plantes carnivores ? Il regarde sa mère d'un air ennuyé, ne sachant pas trop quoi faire. Mais soudain, leur hôte réalise que quelque chose ne se passe pas comme prévu. Ses sourcils se froncent.

— Mais vous... Vous n'avez rien filmé ?

À ce moment-là, son assistant

s'approche de lui, comprenant la confusion :

— Ah, euh, hem !... Ce ne sont pas exactement des journalistes, ce sont ces gens que nous avons rencontrés dans la jungle et qui...

— Vous ne pouviez pas le dire plus tôt ?

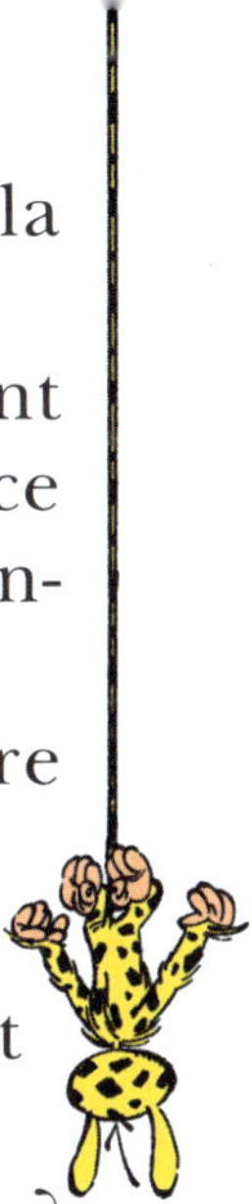

Dès cet instant, son comportement change et son ton devient agressif.

— Qu'est-ce que vous voulez ? Allez droit au but, je n'ai pas de temps à perdre !

— Je viens vous parler des engrais que vous utilisez, répond Amanda sans se laisser impressionner. Vous êtes en train de polluer tout le fleuve avec vos rejets toxiques !

— Nous avons vidangé les cuves, récemment, il est bien possible qu'un peu de produit se soit échappé. Quel est le problème ?

— Le problème, c'est que j'ai des dizaines d'animaux malades sur les bras, s'énerve la mère de Théo. Vous êtes en train de mettre en danger l'équilibre écologique de la forêt !

M. Global essaie de le prendre de haut :

— Je suis désolé, madame, mais je ne suis pas biologiste. J'essaie juste d'apporter un peu de bonheur aux enfants du monde entier. N'est-ce pas, petit, qu'ils te plaisent, les chewing-gums *Démoniak* ?

Théo, agacé par le ton mielleux du fabricant de sucreries, prend aussitôt le parti d'Amanda :

— Non, ils sont nuls ! Je préfère ne plus en manger, de vos chewing-

gums qui rendent malades les animaux de la jungle !

— Bon, réplique M. Global en appelant son assistant à la rescousse, l'entretien est terminé. Sécurité ? Veuillez reconduire ces personnes à la porte de l'usine.

Très en colère, Amanda ne peut s'empêcher de réagir :

— Je vous préviens, vous allez avoir de mes nouvelles !

L'assistant saisit la scientifique par le bras et commence à l'entraîner de force. Sur un regard de Théo, Marsu intervient.

— HOUBA HAHA !

L'extrémité de sa queue transformée en poing, Marsu assomme l'assistant. Puis, dans la foulée, il enroule sa queue autour de la taille de M. Global, le soulevant comme s'il s'agissait d'un tas de détritus, prêt à finir au vide-ordures.

— AU SECOOOURS ! À MOI !! crie d'une voix aiguë le directeur de l'usine.

— Ça suffit, Marsu, dit Théo à regret.

Alors, tandis qu'Amanda, Dédé et lui regagnent la porte de l'usine, Marsu laisse retomber M. Global au milieu d'un groupe de plantes carnivores, aux dents tranchantes et à l'air particulièrement vorace.

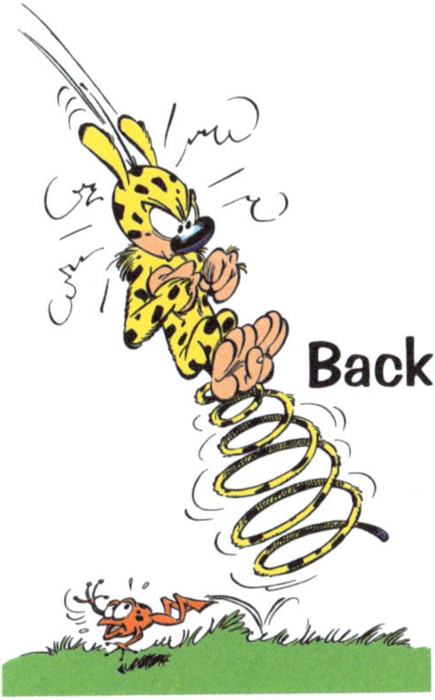

Chapitre 6

Backalive est de retour

Une fois revenus dans leur maison au bord du rio, Amanda et Théo font un point sur la situation avec Jean-Pierre. Amanda, qui est toujours aussi furieuse, jette une poignée de chewing-gums devant son mari.

— Il faut absolument qu'on fasse quelque chose ! insiste Amanda qui marche de long en large sur la terrasse.

Théo cherche, réfléchit, lève les

épaules, tandis que son père se laisse tomber sur un fauteuil en bambou.

— Oui, mais quoi ?

— OUAIIIIILLLE !!

Ça, c'est encore Jean-Pierre qui n'a pas regardé où il s'asseyait. S'il avait fait attention, il aurait vu que la place était déjà prise par un hérisson.

— Oui, grommelle-t-il en se frottant les fesses, il faut vraiment faire quelque chose.

Soudain Théo se frappe le front du plat de la main :

— Eh mais, on pourrait faire une pétition sur internet ?

Amanda s'arrête tout net, regardant son fils comme si un éclair de génie venait de s'abattre sur lui. Les yeux illuminés, elle enchaîne :

— Mais oui, tu as raison ! On va l'attaquer sur son propre terrain : la communication. On va faire de la contre-publicité à ses produits !

— Houba pub ? intervient Marsu, qui n'est pas sûr de tout comprendre.

Et pendant que les Dujardin réfléchissent à un plan de bataille, du côté de l'usine aussi on se prépare au combat. L'intervention du

Marsupilami au milieu des serres n'a pas laissé que des bons souvenirs au directeur de l'usine. M. Global a décidé de prendre des mesures de sécurité. C'est pourquoi il a convoqué un spécialiste incontournable de la faune locale.

— On m'a dit que les Marpasu, Marpisa, bref, Marpusalamis n'avaient aucun secret pour vous ?

— C'est exact, fait une voix bronchiteuse.

— Vous comprenez, continue M. Global en fixant son interlocuteur avec attention, ces installations m'ont coûté une fortune. Je ne peux pas me permettre qu'un Marsiplu, Marpisi, bref qu'un animal sauvage vienne tout saccager ici !

— Je comprends, acquiesce le chasseur solitaire. Ne vous inquiétez pas. S'il repointe son nez ici, je saurai le recevoir.

Et il brandit sa vieille carabine à deux coups comme s'il s'agissait d'un pistolet laser dernier cri. Mais s'il semble connaître les Marsus, il ne se méfie pas encore assez des plantes carnivores mutantes. L'une d'entre elles attaque par surprise l'arrière de son pantalon et mord avec appétit ce qu'elle trouve dedans.

— WAAAOUH !!

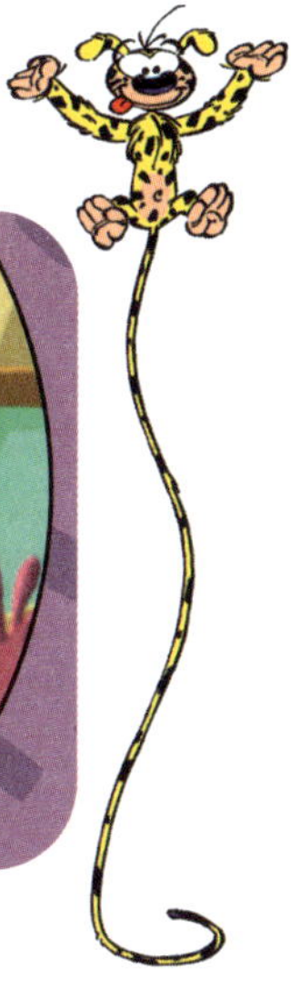

— Bon, soupire M. Global, soyez vigilant, je compte sur vous.

Et il s'éloigne, laissant Bring M. Backalive explorer les lieux. Car c'est bien Backalive qui a répondu à l'annonce demandant un chasseur de Marsupilamis. Backalive l'aventurier vieillissant, maladroit et malchanceux, qui n'a toujours pas renoncé à capturer un Marsu et qui est prêt à tout pour arriver à ses fins ! Il s'en fiche, lui, de cette histoire de plantes carnivores et de sécurité dans l'usine : tout ce qu'il veut, c'est ramener un Marsupilami à la civilisation, et devenir célèbre !

Du côté des Dujardin, la résistance s'organise. C'est l'heure de la « contre-offensive médiatique », comme le dit Amanda. Partout où c'est nécessaire, Théo et Marsu prennent des photos de plants arrachés, d'animaux malades, de piranhas mutants. Ils retournent même à cet endroit du fleuve, sous l'usine, où les canalisations vomissent dans la rivière leurs résidus nauséabonds. Et ils mitraillent.

Tous ces clichés, c'est Jean-Pierre qui les met en ligne, sur son site. Bientôt les photos de cette dramatique pollution envahissent tous les continents, grâce aux réseaux d'ordinateurs ! La machine à fabriquer des *Démoniak* a du souci à se faire. Très vite, les efforts d'Amanda et des siens portent leurs fruits. Un soir, alors qu'ils regardent ensemble la télévision, un présentateur du journal annonce l'information suivante :

— On parle de plus en plus de cette campagne sur internet contre les intérêts de la marque de chewing-gums *Démoniak* ! Les effets de cette campagne ont été fulgurants. Les ventes de ces chewing-gums sont en chute libre. La société *Démoniak* affirme chercher toutes les solutions pour éviter de polluer, à l'avenir…

— Ouais ! On va les avoir ! crie Théo, tout joyeux, en se précipitant sur Marsu.

Et les voilà partis pour une danse endiablée au milieu du salon !

Chapitre 7

Une incroyable maladresse

Un employé pressé, chargé d'un bac à fleurs imposant, fait un écart pour ne pas se cogner à cet étrange individu qui rôde près de l'entrepôt aux engrais, dans l'enceinte de l'usine.

— Mais ne restez pas sans arrêt dans nos pattes !

Backalive s'écarte de mauvaise grâce, ronchonnant dans sa barbe de huit jours, dans sa tenue d'aventurier mitée, dans ses bottes trouées. Il ne quitte pas son fusil, comme si

une armée ennemie assiégeait la fabrique. En fait, il n'attend qu'une chose : qu'un Marsupilami se présente et qu'il puisse s'en emparer.

— Et ne vous approchez pas de ces bidons ! ajoute l'employé d'un ton sec. Ce sont des engrais hyperconcentrés !

Backalive bougonne une vague réponse et va emprunter un escalier métallique qui mène aux coursives suspendues au-dessus des serres.

Au milieu de la coursive, M. Global est en pleine conversation avec son assistant.

— Je n'en peux plus, crie-t-il, cette campagne internet va finir par nous ruiner !

— Vous pensez ?

— Mais oui, notre image dans le monde est devenue déplorable ! Je vous le dis, mon vieux, il va falloir fermer la serre et aller s'installer ailleurs si on veut continuer à polluer tranquilles ! Sinon, on peut dire adieu aux chewing-gums *Démoniak* !

Backalive sursaute. Il ne manquait plus que ça ! « S'installer ailleurs ? pense-t-il en grimaçant, fermer la serre ? Et mon Marsupilami, alors ? Ah ça non, il n'en est pas question ! »

À pas de loup, il redescend la passerelle métallique et retourne vers l'entrepôt aux engrais. Là, il s'empare d'un tonneau et compte bien aller en déverser le contenu tout entier dans le fleuve, pour avoir une chance de voir rappliquer Marsu et sa bande !

— Je suis venu pour le Marsu, et j'aurai mon Marsu, même si pour ça je dois polluer le fleuve et tout l'océan qui va avec !

Mais il a surestimé ses forces. Le bidon qu'il a pris entre ses bras est beaucoup trop lourd pour lui, il titube et fait des zigzags dans les allées. Jusqu'à ce qu'il heurte un levier de commande d'un tableau électronique. Le choc est si violent que le levier casse tout net.

Dès cet instant, tout se dérègle et les catastrophes s'enchaînent ! Des produits chimiques se déversent par flots entiers dans le système d'irrigation des serres ; les fameux engrais pollueurs se mélangent à l'eau courante. Ils la contaminent, la colorent en vert, et se répandent dans les bacs à plantes, dans un bouillonnement toxique et fumant. Il est trop tard pour intervenir, personne ne peut plus rien faire.

L'équipe scientifique, chargée de

surveiller les opérations, est affolée. Personne ne peut prévoir comment tout cela va évoluer. Des hommes en blanc, hors d'eux, repèrent Backalive et courent vers lui, le coinçant dans une allée.

— Mais enfin, qu'est-ce que vous avez fait ! Vous êtes fou ?!

Soudain, l'aventurier fait moins le fier.

— Euh, c'est pas moi, proteste-t-il lâchement en souriant jaune, de son unique dent.

Mais la situation s'envenime à chaque instant. Une fumée âcre envahit toutes les serres, tandis que, dans un horrible bruit de succion, toutes les plantes se mettent à aspirer goulûment l'engrais de leurs bacs. Et bientôt l'impensable se produit : les plantes carnivores se mettent à grandir à vue d'œil !

Certaines atteignent une dizaine de mètres de haut et leurs têtes gigotantes se sentent bientôt à l'étroit sous les verrières du grand dôme.

— Arrêtez ça ! hurle M. Global, penché par-dessus sa rambarde.

Un de ses employés essaie bien de passer un collet autour d'une tige, mais la fleur déchaînée le casse comme s'il s'agissait d'une vulgaire paille. C'est un spectacle terrifiant ! Toute l'équipe de l'usine en blouse blanche déguerpit à toute vitesse vers la sortie, abandonnant leur chef, leur assistant et l'ignoble Backalive.

Devenues monstrueuses, les plantes s'extraient de leurs bacs en rugissant, brisant les baies vitrées sur leur passage. Affamées, elles se ruent à la poursuite de tout ce qui bouge. Bientôt, elles s'échappent de l'usine et rampent à travers la forêt, propulsées par des lianes qui leur poussent sous le ventre comme autant de jambes... Jamais, de mémoire de jungle, on n'a vu une chose pareille !

À quelques centaines de mètres

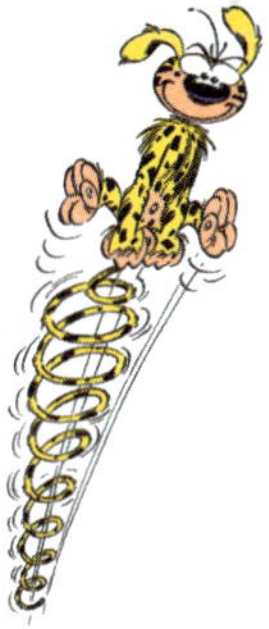

de là, Théo et les marsus sont en train de récolter des plantes médicinales pour soigner les animaux malades. Mais quand un phacochère traverse soudainement la clairière en galopant, suivi par plusieurs ragondins, l'air tout aussi affolé, et quelques serpents terrorisés, tout le monde s'interroge.

Inquiets, deux employés de l'usine, leur blouses blanches en lambeaux, apparaissent à leur tour, essoufflés.

— Fuyez ! hurlent-ils. Ne restez pas là ! Les plantes, les plantes arrivent !

— Houbaba ? fait Marsu en regardant la jungle qui s'agite dans leur dos.

L'instant d'après, écrasant les feuillages, plusieurs fleurs grasses et

géantes surgissent de la forêt. Elles rampent et courent tout à la fois, leurs bouches pleines de dents se balançant en hurlant à quinze mètres du sol !

— Des… Des plantes carnivores mutantes !... hoquette Théo en se serrant contre Marsu.

Chapitre 8

Le grand combat

N'écoutant que son courage, Marsu se lance à l'attaque des assaillantes. L'extrémité de sa queue transformée en massue, il la fait tourner comme une fronde et assomme tour à tour chacune des plantes folles. Celles-ci s'abattent au sol en se tordant sur elles-mêmes et en poussant des râles effrayants.

Mais le danger n'est pas complètement écarté. Malgré les supplications de la Marsu et de Théo, Marsu prend le chemin qui mène vers l'amont du fleuve.

Amanda, qui est restée à la maison avec Jean-Pierre et Zoé, continue de soigner ses petits protégés de la jungle.

— Tu vois, chéri, dit-elle à son mari, ils ont meilleure mine à présent. Ils vont bientôt pouvoir repartir.

Grâce à elle, en effet, les animaux se remettent tranquillement, mais leur instinct n'est pas endormi. À certaines vibrations de la forêt, ils sentent le danger qui approche. Et c'est la débandade. Ce sont successivement des tapirs, des singes, des caméléons, des perroquets qui détalent, qui s'enfuient ou s'envolent tous dans le même sens.

— Ben qu'est-ce qui se passe ? se demande Jean-Pierre.

— PAPA ! MAMAN ! IL FAUT SE BARRICADER, VITE !

C’est Théo qui vient de franchir le seuil de la maison en courant, tout essoufflé. La Marsu et ses petits l’accompagnent. Ils ont l’air paniqué, eux aussi, et ce n’est pas rassurant.

— HOUBI ! BA… BABU ! bégaie la compagne de Marsu.

— Se barricader, mais pourquoi ? fait Jean-Pierre.

L’explication ne tarde pas. Par la fenêtre apparaît soudain la gueule béante d’une fleur géante, surmontée de plusieurs yeux translucides et méchants.

— Attention ! crie Amanda.

— Quand ce ne sont pas les animaux, ce sont les plantes ! s'exclame Jean-Pierre. Décidément, cette jungle me déteste !

Tout le monde se met en ordre de bataille pour fermer les portes, surveiller les fenêtres et taper sur les tentacules végétaux avec des gourdins de fortune. Ça va quand même être dur de résister face à des ennemis dont la taille dépasse largement celle de la maison !

Pendant que les plantes font le siège des Dujardin, Marsu arrive en vue de l'usine. Son dôme de verre est effondré, et à part une tourelle qui tient encore debout, elle est complètement dévastée. Au milieu de ce tas de ruines, trône la monumentale reine des plantes carnivores, la plus grosse et la plus remuante.

C'est à partir d'elle que se ramifient par centaines les lianes qui ont envahi la forêt.

Réfugiés sur un reste de coursive à moitié détruit, M. Global et Backalive résistent tant qu'ils peuvent aux assauts de la fleur affamée qui se lèche les babines.

— Tirez-moi de là, Backalive ! Vous aurez une augmentation, je vous le promets !

Backalive fait le maximum mais pour autant il ne pense qu'à sauver sa peau. À la vue de cette scène spectaculaire, le sang de Marsu ne fait qu'un tour : il n'affectionne pas particulièrement les deux olibrius aux prises avec la plante, mais il a

une certitude : il faut à tout prix mettre cette créature mutante hors d'état de nuire.

— GROOOO !! commence-t-il à gronder, en gonflant la poitrine. GROOOOUBAAAA !

Il s'élance à l'intérieur du dôme, rebondit de mur en mur et atterrit devant le monstre végétal. C'est un combat titanesque qui s'engage alors. De ses multiples lianes, la plante lance une série d'attaques contre le Marsu, qui les esquive de justesse. Il riposte en tournant autour de son adversaire comme un boxeur, portant de terribles coups de masse, du bout de sa queue, à la tête rugissante de la plante. Tout ce qui reste de l'édifice encore debout tremble sous l'impact de ces coups répétés.

Et puis l'animal moucheté se fait piéger. Alors qu'il croit avoir assommé la fleur tueuse, deux tentacules rampants le prennent à revers et le ligotent en un clin d'œil. Une fois hors d'état de se défendre, ils le portent jusqu'à la bouche grande ouverte de la fleur qui a retrouvé ses esprits. Devant cette vision affreuse, Backalive enlève son chapeau et baisse les yeux.

— Il est fichu, murmure-t-il d'une voix éteinte. Ce coup-ci, je peux dire adieu à mon Marsupilami !

Du coup, il rate la dernière action, la plus astucieuse : alors que Marsu est presque avalé par l'une des gueules démesurées de la reine des carnivores, sa queue s'élève jusqu'à la tourelle qui tient encore debout au-dessus de l'usine. Elle s'enroule autour d'elle et la secoue jusqu'à la déséquilibrer.

Alors, dans un vacarme assourdissant et un gigantesque nuage de poussière, l'énorme masse de ciment, de verre et de pierre s'écroule sur la tête principale de la plante, l'écrabouillant comme une tomate trop mûre. Le cri de victoire du Marsu peut alors retentir puissamment à travers toute la jungle :

— HOUBAAAAAA !!

Dans le salon des Dujardin, la lutte est bien engagée. Il faut avoir de sacrés réflexes pour affronter des dizaines de lianes surgissant de partout à la fois ! Amanda a choisi son arme : c'est avec une casserole qu'elle tient à distance un groupe de tentacules poisseux. Théo, lui, lance sur les plantes en folie tout ce qui lui tombe sous la main. Quant à Jean-Pierre, furieux, il se sert d'un balai pour attaquer une mâchoire végétale et récupérer une bonne partie de son matériel informatique :

— Pas touche, sale bête ! Il y a tout mon travail, là-dedans ! Et toi, là, recrache mon imprimante immédiatement !

Le combat est acharné. Les Dujardin sont vraiment en danger. Mais soudain, une grosse fatigue semble s'abattre sur les plantes. Leur énergie décroît brutalement. Les lianes tombent au sol, comme

des morceaux de guimauve et se recroquevillent. Elles se mettent aussitôt à faner et une odeur pestilentielle envahit le salon. Les fleurs pourrissent et se décomposent !

— Beuh ! fait Zoé, les narines plissées...

— Ça alors ! s'écrie Théo.

— Qu'est-ce qui leur arrive ? s'étonne Jean-Pierre, en évitant de laisser traîner ses pieds dans les coulées verdâtres qui recouvrent le sol.

En sortant sur la terrasse, et en observant alentour, ils réalisent que tous leurs ennemis végétaux se sont racornis et se sont mis à pourrir sur place dans la jungle. Timidement, les premiers animaux de la forêt commencent à poindre de nouveau le bout de leurs museaux.

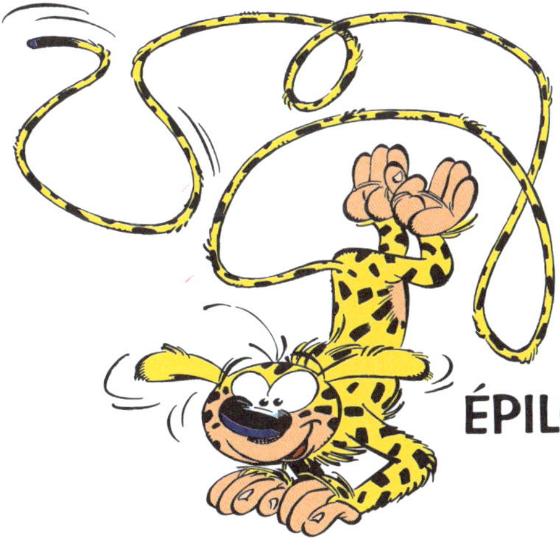

ÉPILOGUE

L'explication du phénomène est simple. Il suffit de la demander à Marsu :

— Houbaba GROOOR ! Houbi, Hou bombom ! raconte celui-ci, à peine revenu auprès de ses amis.

Et Amanda de traduire :

— Marsu a combattu la reine des plantes, au cœur de l'usine. Il a failli être mangé tout cru, mais il s'en est finalement sorti.

— Houba Daboum !

— Oui, et à la fin, il a réussi à la tuer. Comme toutes les autres plantes folles lui étaient reliées, elles sont toutes mortes avec elle !

— Bravo, Marsu ! crie Théo en serrant contre lui son meilleur copain. Sans toi, on était fichus !

Pour se remettre de leurs émotions, les Dujardin et les Marsus au grand complet se préparent un petit pique-nique au bord de la rivière. Les petits Marsus ayant un appétit d'ogre, leur papa laisse descendre le bout de sa queue au fond du rio et attrape des piranhas bien gras. Rien à voir avec les monstruosités préhistoriques pêchées deux jours avant !

Dans les frondaisons, on entend à nouveau chanter gaiement les oiseaux multicolores. Plus bas, au ras du sol, un gros moustique en vol se fait gober au passage par la bouche habile d'une plante carnivore. Mais attention, une petite plante, de taille normale. Gatogordo, lui aussi, va beaucoup mieux. Même qu'il se faufile le

long d'une branche pour essayer de croquer Tignass, l'oiseau emperruqué.

Mais Marsu veille. Au moment où il saute sur sa proie, la queue de l'animal farceur vient s'enrouler autour de sa patte et le déséquilibre. Le grand jaguar tombe à l'eau dans une gigantesque éclaboussure.

— Non, Marsu, tu n'aurais pas dû, dit Amanda en souriant.

Dans un hurlement de colère, le

fauve ressort brutalement de l'eau, des dizaines de piranhas cramponnés à sa fourrure.

— ROOOÂÂÂRR !! fait-il avant de s'enfuir à toute vapeur.

Théo éclate de rire.

— Et voilà ! dit Jean-Pierre : grâce aux efforts de tous, nous avons rétabli la chaîne alimentaire !

— Ou presque, ajoute Amanda en levant les yeux pour regarder passer Tignass au-dessus d'elle.

Et chacun mord dans son sandwich, applaudissant aux pitreries des petits Marsus, qui imitent le cri du Gatogardo mordu :

— Houbaba roââr !

— Houbibi roââr !

FIN

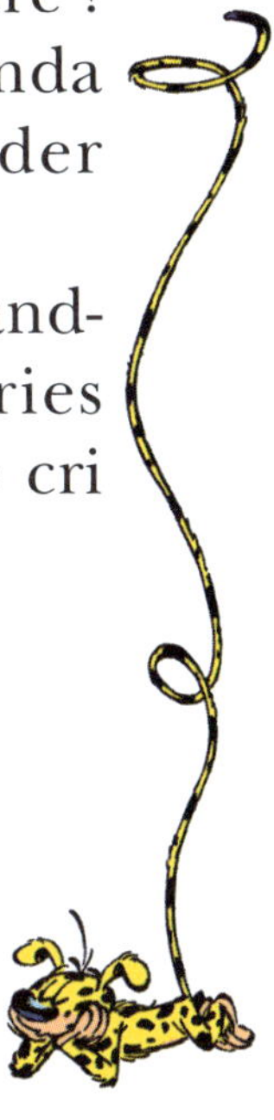

Les histoires du Marsupilami
et de la famille de Théo
sont loin d'être terminées !

Pour connaître la suite, tourne vite la page !

Les as-tu tous lus ?

La rencontre

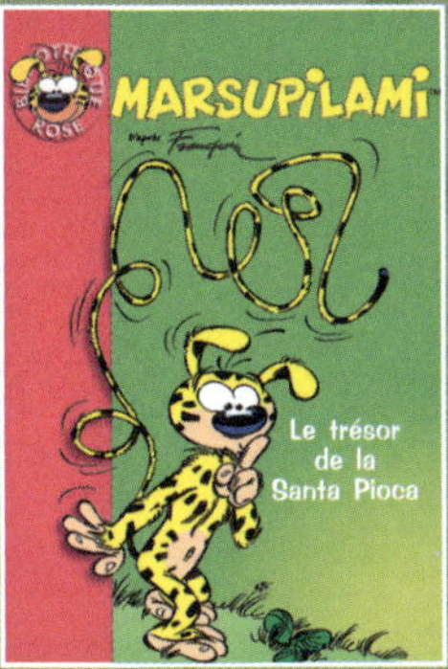

Le trésor de la Santa Pioca

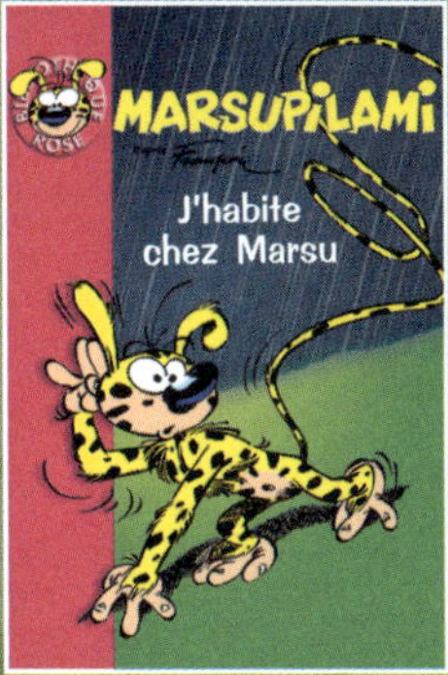

J'habite chez Marsu

MARSUPILAMI 0
CAPTUREZ UN MARSUPILAMI !
MARSUPILAMI 1
LA QUEUE DU MARSUPILAMI
MARSUPILAMI 2
LE BÉBÉ DU BOUT DU MONDE
MARSUPILAMI 3
MARS LE NOIR
MARSUPILAMI 10
RIFIFI EN PALOMBIE
MARSUPILAMI 11
HOUBA BANANA
MARSUPILAMI 12
TRAFIC
JOLLYWOOD
MARSUPILAMI 13
LE DÉFILÉ DU JAGUAR
Franquin
Batem & Colman
MARSUPILAMI 20
Viva Palombia !
MARSU PRODUCTIONS

MARSUPILAMI 6
FORDLANDIA
MARSUPILAMI 7
L'OR DE BOAVISTA
MARSUPILAMI 8
LE TEMPLE DE BOAVISTA
MARSUPILAMI 9
LE PAPILLON DES CIMES
15
MARSUPILAMI 16
TOUS EN
MARSUPILAMI 17
L'orchidée des Chahutas
MARSUPILAMI 18
ROBINSON ACADEMY
MARSUPILAMI
Magie blanche
etrouve ton héros préféré
n BD !
ARSUPILAMI
© MARSU 2007. www.marsupilami.com

Table

Imprimé en France par Qualibris (J-L)

n° dépôt légal : 86160 – juin 2007

20.20.1318.3/01 ISBN : 978-2-01-201318-6

Loi n° 49956 du 16 juillet 1949

sur les publications destinées à la jeunesse